鄧石如篆書南陔孝子

名家篆書叢帖

孫寶文編

U0130113

上海辭書出版社

帝院夢少相養也循

闈祥帝音采其蘭奮繼庭

或濟鹽蕎帝院厥艸油徙居

屰徙循鬼其果蕎繼庭闈

乾隆歲次辛亥暮春月書於維揚之寒香僧舍鄧琰

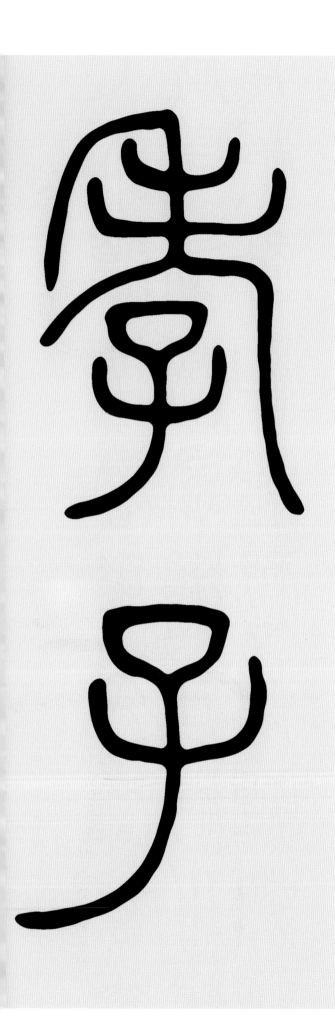

南陵孝子

相戒以養

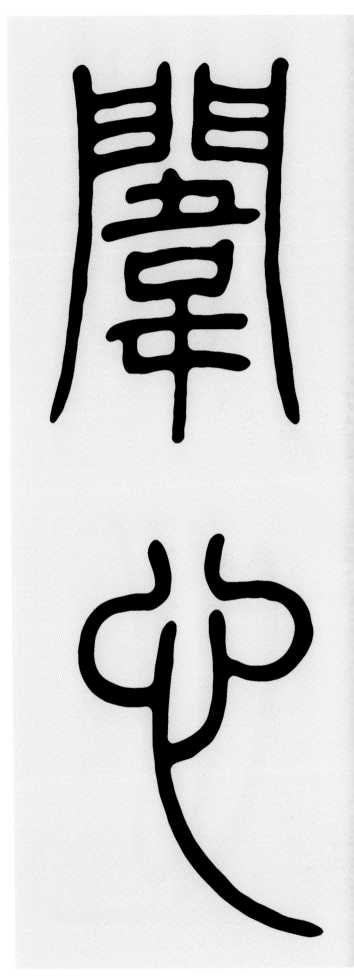

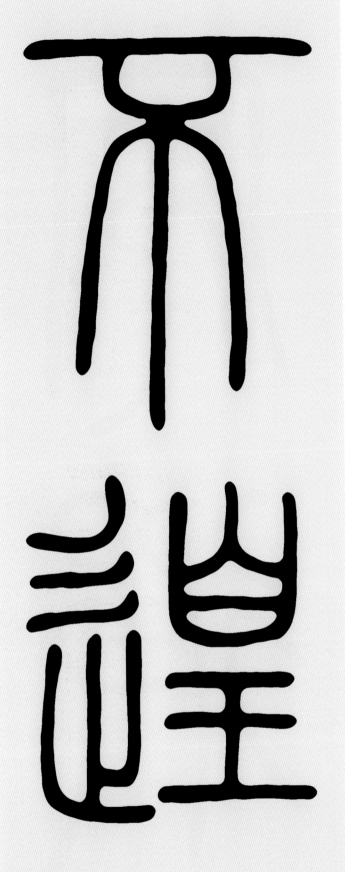

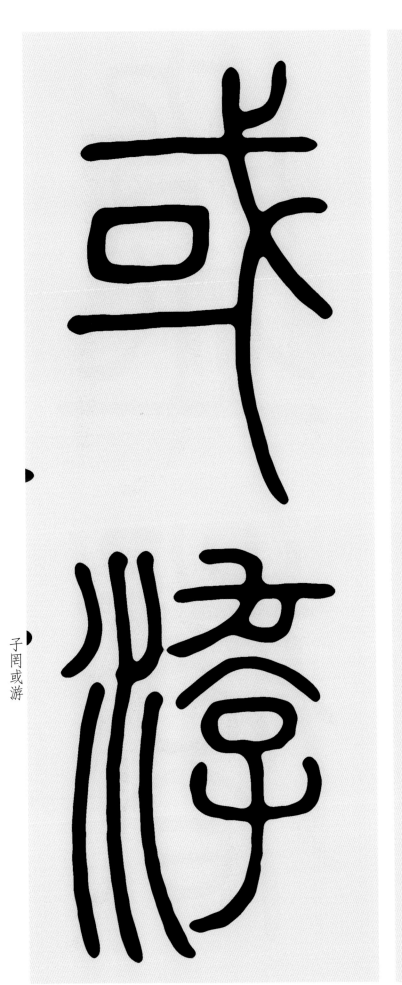

子罔或游

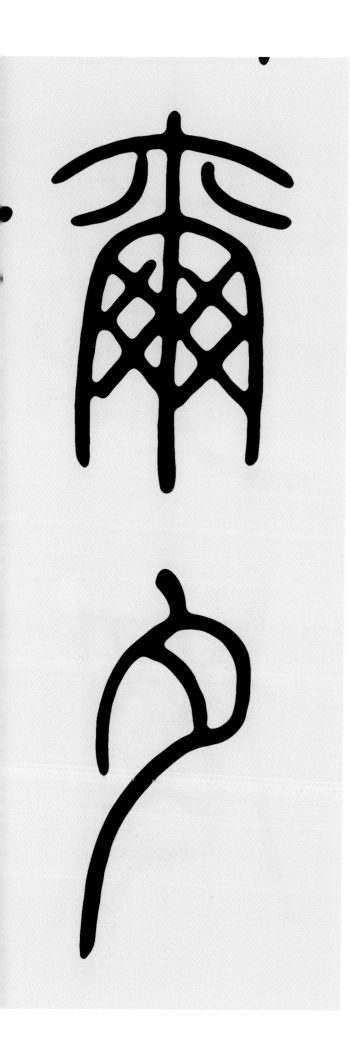

膳絜爾晨

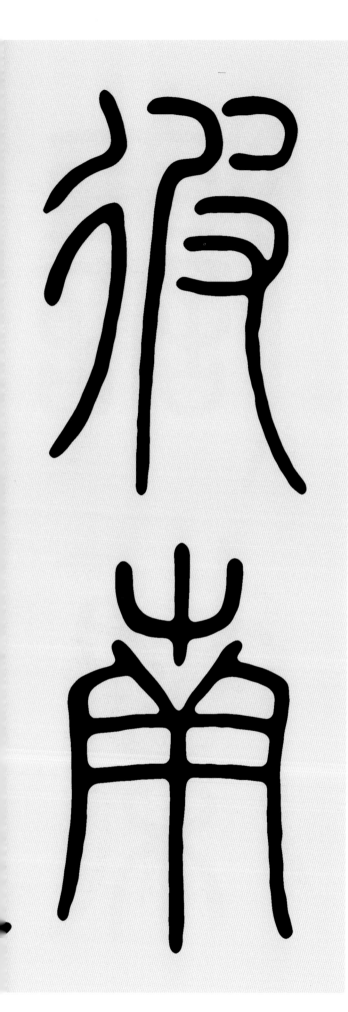

14

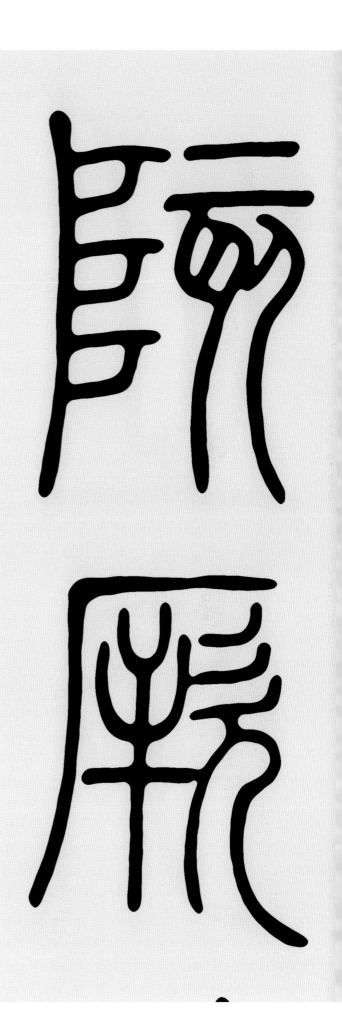

陕厥艸油油

彼居之子

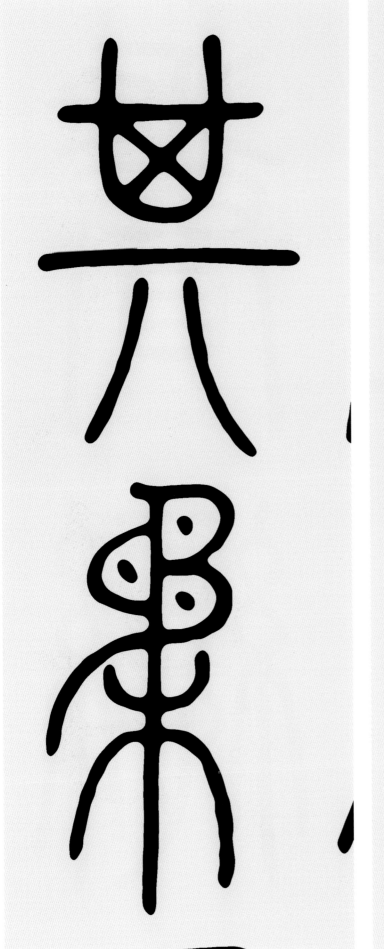

色思其柔

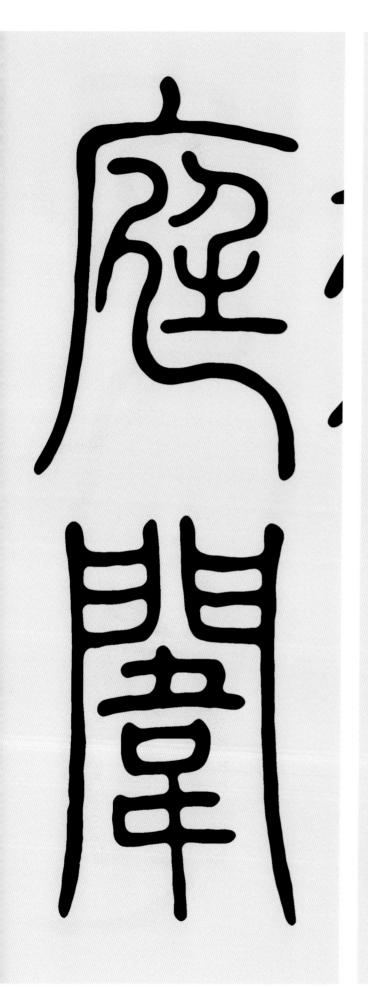

眷戀庭闈

馨爾夕膳

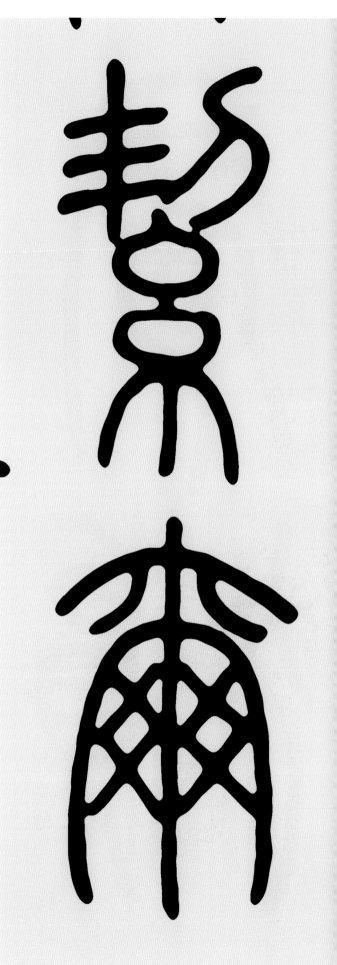

絜爾晨羞

有獺有獺

在河之涘

凌波赴汨

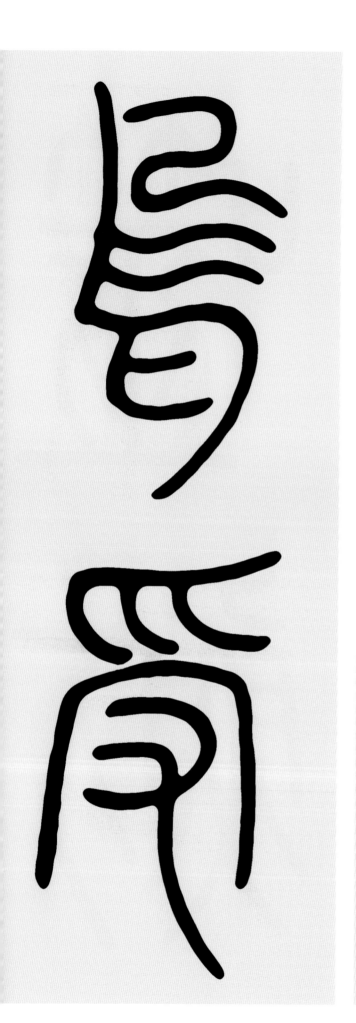

啾啾林鳥受

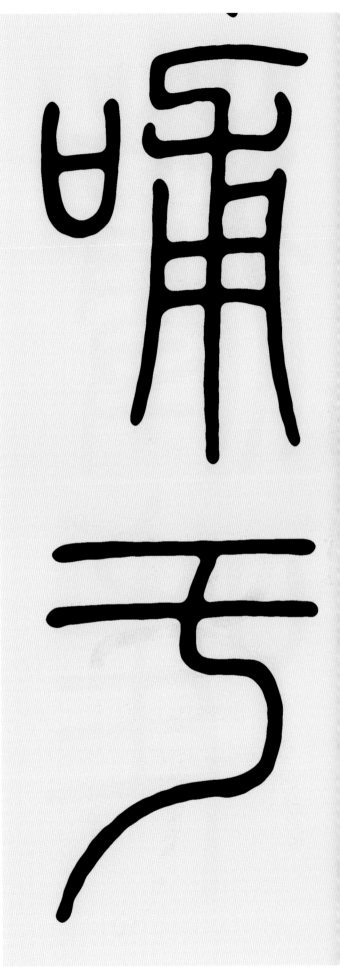

哺于子養

隆敬薄唯

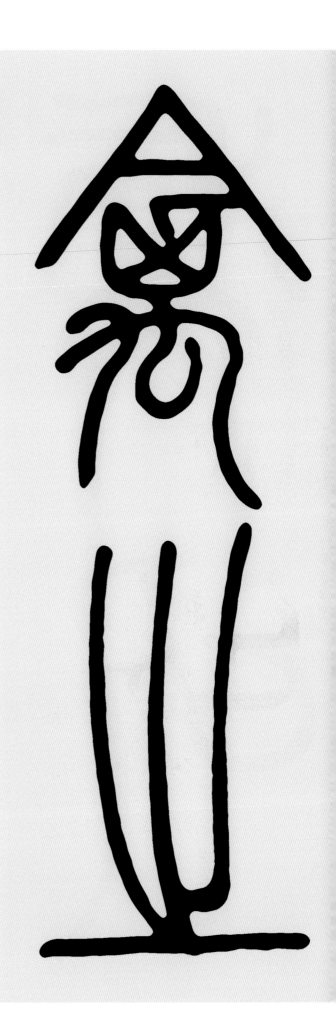

禽之似鼬

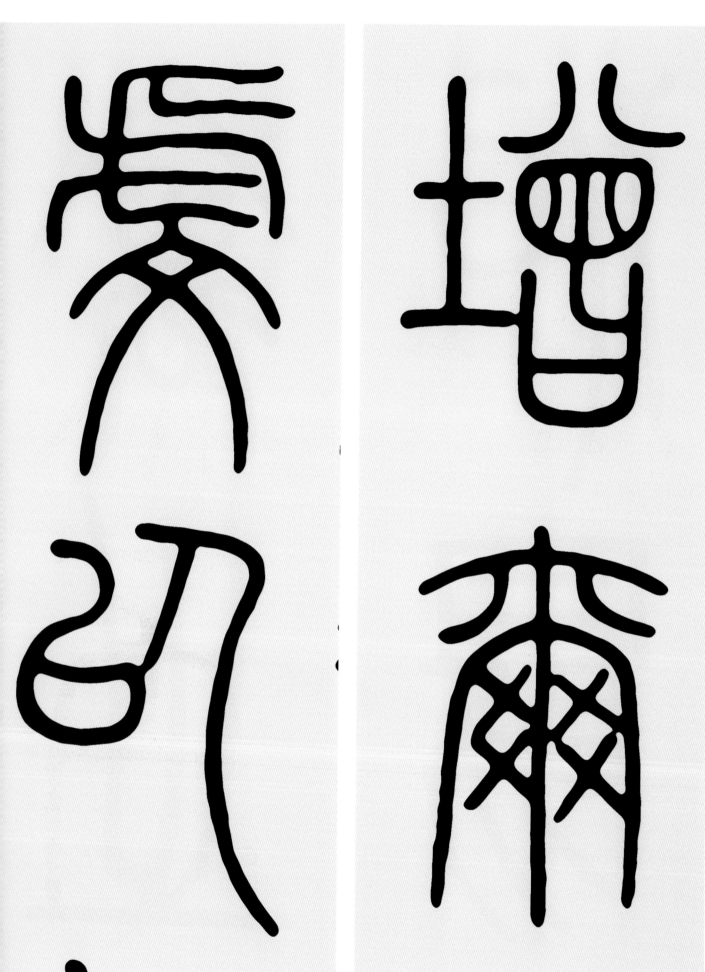

增爾虔以

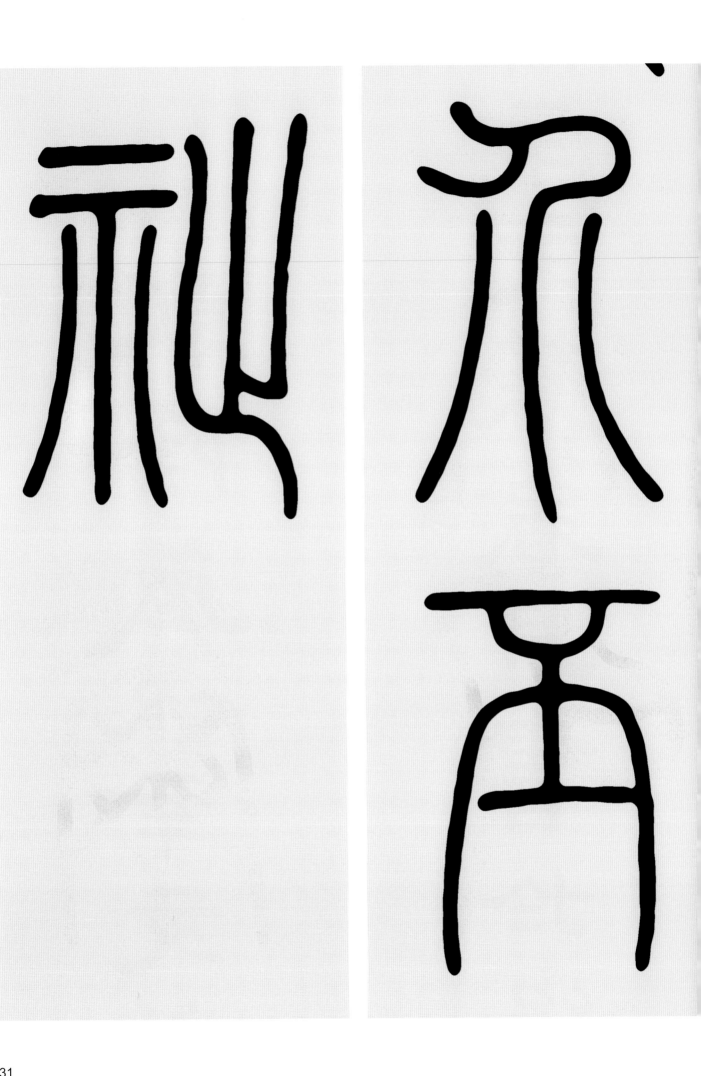

介
丕
祉

乾隆歲次辛亥暮春月書於